Mi vecindario

El parque

Megan Cuthbert

El enriquecido libro electrónico AV² te ofrece una experiencia bilingüe completa entre el inglés y el español para aprender el vocabulario de los dos idiomas.

This AV² media enhanced book gives you a fully bilingual experience between English and Spanish to learn the vocabulary of both languages.

Spanish   **English**

Navegación bilingüe AV²
AV² Bilingual Navigation

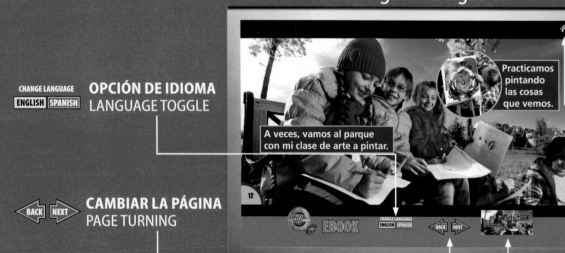

CERRAR
CLOSE

OPCIÓN DE IDIOMA
LANGUAGE TOGGLE

INICIO
HOME

CAMBIAR LA PÁGINA
PAGE TURNING

VISTA PRELIMINAR
PAGE PREVIEW

El parque

ÍNDICE

3

Este es mi vecindario.

El parque está
en mi vecindario.

El parque es un espacio verde de mi vecindario.

El parque hace que mi vecindario sea un lindo lugar para visitar.

Cuando voy al parque, aprendo sobre la naturaleza.

Hay muchas plantas y animales diferentes para ver.

Mi parque es un lugar divertido para jugar con mis amigos.

Podemos correr y jugar juegos al aire libre.

11

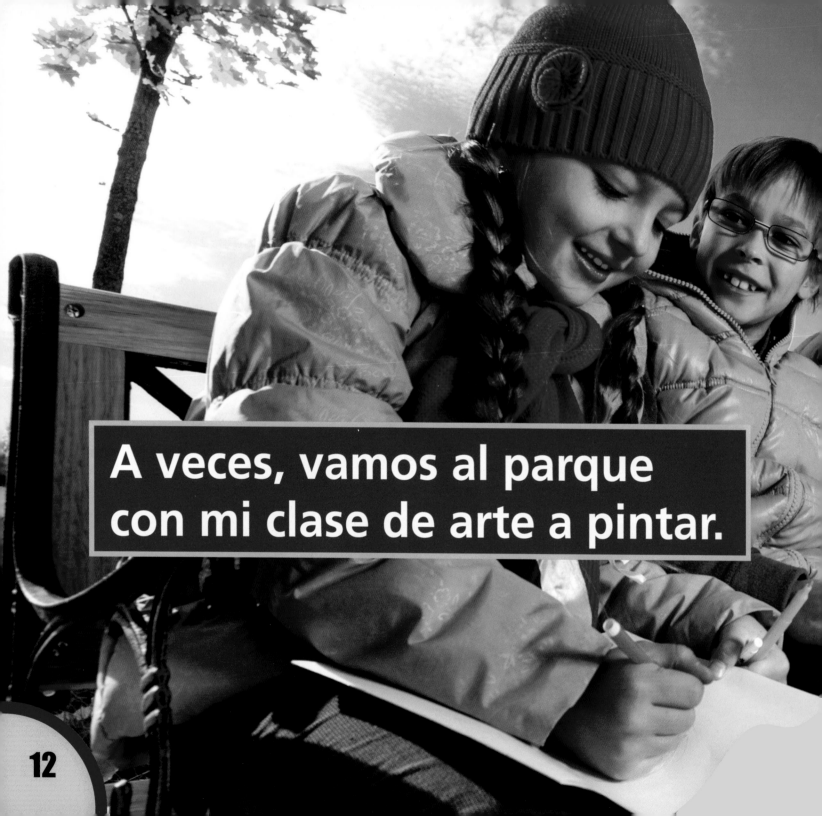

A veces, vamos al parque
con mi clase de arte a pintar.

Practicamos
pintando
las cosas
que vemos.

13

Mi parque tiene un campamento de día al que puedo ir los fines de semana.

14

Puedo hacer nuevos amigos y aprender cosas nuevas.

La gente usa el parque para realizar eventos especiales.

Vamos al parque a ver obras de teatro y conciertos de música.

Mi familia hace picnics en el parque.

Me encanta
ir al parque.

A veces, la gente de mi vecindario se junta para limpiar el parque.

Todos debemos recoger las latas y los papeles que ensucian el espacio verde.

21

Veamos qué has aprendido sobre los parques.

¿Cuál de estas imágenes no muestra un parque?

WHOLE FOODS MARKE

¡Visita www.av2books.com para disfrutar de tu libro interactivo de inglés y español!
Check out www.av2books.com for your interactive English and Spanish ebook!

1 **Entra en www.av2books.com**
Go to www.av2books.com

2 **Ingresa tu código**
Enter book code

G 5 6 3 8 2 6

3 **¡Alimenta tu imaginación en línea!**
Fuel your imagination online!

www.av2books.com

Published by AV² by Weigl
350 5th Avenue, 59th Floor New York, NY 10118
Website: www.av2books.com   www.weigl.com

Library of Congress Control Number: 2014949822

ISBN 978-1-4896-2781-0 (hardcover)
ISBN 978-1-4896-2782-7 (single-user eBook)
ISBN 978-1-4896-2783-4 (multi-user eBook)

Printed in the United States of America in North Mankato, Minnesota
1 2 3 4 5 6 7 8 9 0 18 17 16 15 14

112014
WEP020914

Project Coordinator: Jared Siemens
Spanish Editor: Translation Cloud LLC
Designer: Mandy Christiansen

Every reasonable effort has been made to trace ownership and to obtain permission to reprint copyright material.
The publishers would be pleased to have any errors or omissions brought to their attention so that they may be corrected in subsequent printings.

Weigl acknowledges Getty Images as the primary image supplier for this title.